AF242560

OFFICE ECONOMIQUE

DE

MEURTHE-ET-MOSELLE

Institué par décret du 10 décembre 1908

40, Rue Gambetta, NANCY

CIRCULAIRE N° 44

(20 Mai 1915)

Projets fiscaux

Les augmentations des impôts

M. Ribot, ministre des Finances, a déposé le 18 mai sur le bureau de la Chambre le projet de loi qui a pour objet d'ouvrir les crédits provisoires applicables au troisième trimestre de 1916. Ce projet, déjà très important par ce premier objet, augmente d'importance d'une façon considérable par le deuxième but auquel il tend : la création de ressources supplémentaires par l'augmentation des impôts existants.

Les adhérents de l'Office économique de Meurthe-et-Moselle étant visés par ce projet au double titre d'industriels ou commerçants et de contribuables, il nous a paru utile de reproduire à leur intention les passages de l'Exposé des motifs présenté par M. Ribot, et qui concernent spécialement les impôts.

A mesure que la guerre dure, il est indispensable que le pays accepte de faire de plus grands sacrifices. Nous avons pu jusqu'à présent ne pas vous demander d'augmenter les

Impôts existants, ni de créer des taxes nouvelles. Cette politique, qu'on nous a parfois reprochée, se justifiait par des raisons solides que nous avons à plusieurs reprises indiquées, et sur lesquelles il est inutile de revenir. Mais le temps qui s'écoule, en changeant les termes du problème, nous amène à modifier nos vues. Il arrive un moment où les inconvénients que nous avons signalés doivent être mis en balance avec ceux qui résulteraient d'une attente trop prolongée. Les emprunts que nous sommes obligés de faire pour la Défense nationale entraînent des charges croissantes auxquelles il est sage de pourvoir, même avant la conclusion de la paix, dans la mesure où le permet l'état de la fortune publique et des revenus particuliers. La commission du budget a insisté sur ce point, dans plusieurs de ses rapports, avec beaucoup de force, et nous ne saurions méconnaître ce qu'il y a de juste dans les considérations qu'elle vous a présentées. Le pays s'est habitué, d'autre part, à la pensée que de nouveaux efforts lui seraient demandés à l'heure où leur nécessité apparaîtrait plus évidente. Enfin, la prolongation même de la guerre et l'obligation qu'elle entraîne de faire au pays le sacrifice d'opinions respectables et d'intérêts particuliers, doivent rendre plus facile l'entente entre tous les représentants de la nation. Nous espérons fermement que les discussions auxquelles donneront lieu les propositions que nous avons le devoir de vous soumettre seront animées d'un esprit sincère de conciliation, comme doivent l'être tous les débats des Chambres en temps de guerre et dans un pays en partie occupé par l'ennemi. Ainsi disparaîtra l'une des principales et peut-être la plus forte des raisons qui nous ont fait différer jusqu'à ce jour le dépôt des propositions sur lesquelles vous serez appelés à délibérer.

Notre première préoccupation devait être de tenir équitablement la balance entre les impôts qui pèsent sur la fortune et atteignent directement les revenus des contribuables et ceux qui s'étendent à la généralité des habitants, en proportion de leurs besoins aussi bien que de leurs facultés.

Nous avons évité avec soin de frapper les choses nécessaires à l'existence ou de rendre plus lourdes les taxes qui gênent le développement des transactions. Nous nous sommes efforcés aussi de procéder par le relèvement des taxes existantes plutôt que par la création d'impôts. Les seuls impôts qui produisent, en temps de guerre, de grandes ressources sont ceux auxquels le pays est habitué et dont la perception ne donne pas lieu à des difficultés et à des mécomptes inséparables de la mise en pratique de toute fiscalité nouvelle.

Les impôts dont la charge doit être augmentée dès à présent sont d'abord les contributions directes qui frappent les revenus ou l'ensemble des revenus. La revision de notre système d'impôts directs sur un plan qui se rapproche de celui de l'*income tax* n'est pas entièrement achevée. L'impôt foncier sur les propriétés bâties et non bâties, l'impôt sur le revenu des valeurs mobilières ont été mis au point; mais il reste à déterminer l'assiette définitive de l'impôt sur les bénéfices des professions commerciales et industrielles et des professions libérales, ainsi qu'à régler les conditions dans lesquelles pourra être établi un impôt sur les bénéfices agricoles et sur les traitements, salaires et pensions. La loi du 15 juillet 1914 a superposé aux impôts sur les diverses branches de revenus un impôt général qui n'atteint, comme en Angleterre, l'ensemble du revenu qu'à partir d'un certain chiffre fixé chez nous à 5.000 francs, avec majorations à raison des charges de famille. Nous demanderons au Sénat de reprendre l'examen des dispositions sur lesquelles l'accord n'a pas été fait entre les deux Chambres. Mais en attendant que l'édifice de nos impôts directs soit achevé, nous devons tirer parti de la législation existante en prenant certaines précautions indispensables pour éviter les injustices criantes qui ne manqueraient pas de se produire si on se bornait à doubler d'un trait de plume les contributions actuelles, comme on a fait en Angleterre pour l'*income tax*

Nous ne vous proposons pas d'augmenter l'impôt des portes et fenêtres, depuis longtemps condamné à disparaître de notre système d'impôts directs. Quant à la contribution personnelle et mobilière, elle est évidemment répartie d'une manière inégale suivant les localités ; mais il est difficile de ne pas lui demander un supplément tant que les revenus

provenant du travail, comme les bénéfices agricoles, les traitements et les salaires ne sont soumis directement à aucun
impôt. Nous vous demanderons donc de la doubler comme
les autres contributions, en accordant toutefois aux contribuables des modérations ou des remises totales qui corrige-
ront ce que cette mesure pourrait entraîner de conséquences
fâcheuses.

Nous ne croyons pas devoir mettre en ligne, quant à
présent, les ressources à tirer d'un remaniement de l'impôt
sur les successions ou de l'établissement d'une contribution
de guerre sur la fortune. Ce sont là des réserves qu'il faut
ménager pour l'avenir. Pour le moment, nous sommes d'avis
de nous en tenir à l'augmentation des contributions directes,
de l'impôt général sur le revenu et de l'impôt sur le revenu
des valeurs mobilières.

Contributions directes

De tous nos anciens impôts directs, la contribution foncière sur les propriétés bâties est la mieux établie ; elle porte
en effet sur le revenu réel des biens imposés, et par suite
elle est exactement proportionnelle à ce revenu. Sans doute
le revenu pris pour base de taxation est un chiffre moyen et
forfaitaire qui ne peut pas toujours correspondre strictement
au revenu effectivement réalisé. Mais lorsque le cas se
présente, les contribuables trouvent, dans la législation
existante, le moyen de faire disparaître les discordances qui
dépasseraient la mesure. Tel est, en ce qui touche les propriétés non bâties, l'objet des dégrèvements pour les pertes
totales ou partielles de récoltes, étant entendu que les
pertes causées directement ou indirectement par l'état de
guerre donneront lieu à ces dégrèvements. De même, à
l'égard des propriétés bâties, les remises d'impôt pour
vacance de maisons ou chômage d'usines permettent de tenir
compte aux propriétaires des pertes de revenus qu'ils ont
subies, du fait qu'ils n'ont pu louer ou exploiter totalement
ou partiellement leurs maisons ou usines.

Il apparaît ainsi que le doublement de la contribution

foncière ne frappera d'une manière générale les contribuables qu'en proportion de leurs revenus.

Il est cependant un cas que la législation en vigueur n'a pas prévu et qui se rattache aux circonstances actuelles : c'est celui du propriétaire dont les maisons ou les fermes sont louées, mais qui, néanmoins, se trouve privé de tout ou partie de ses revenus, parce qu'il a dû consentir des exonérations ou réductions de loyers ou fermages. L'équité nous a paru commander l'assimilation, au point de vue des dégrèvements, de ces pertes de revenus à celles qui résultent de la non-location des immeubles.

La contribution des patentes et la contribution mobilière sont loin d'avoir une assiette aussi satisfaisante que la contribution foncière. La première frappe les revenus professionnels et la seconde l'ensemble des ressources des contribuables, mais elles atteignent leur but respectif, non pas directement en portant sur les revenus eux-mêmes, mais indirectement et par le système indiciaire. Elles sont donc forcément très inégales, elles aboutissent à des taux très divers, et les précautions qu'il convient de prendre pour adoucir les effets du doublement de la part de l'État doivent être ici toutes différentes de celles dont il a été question pour la contribution foncière. Voici, dans cet ordre d'idées, les mesures que nous vous proposons.

Les commerçants, industriels et autres patentés seront fondés à demander, selon les cas, une modération ou même la remise totale de la contribution additionnelle, à condition de justifier que, par suite de l'application de la surtaxe, leur bénéfice net serait taxé au delà de 10 %.

Ce taux paraît élevé ; mais, dans bien des cas, il est déjà atteint et même dépassé, et sous peine de trop diminuer le rendement de la surtaxe, il serait imprudent de descendre plus bas. On se heurterait en outre à des difficultés d'ordre pratique qui ne permettent pas d'opérer par voie de dégrèvements une modification radicale de cette partie de nos impôts.

En ce qui concerne la contribution mobilière, il paraît équitable d'accorder une exemption partielle ou totale de la surtaxe au contribuable qui peut justifier que l'ensemble de

ses ressources supporterait, en part de l'Etat, une charge
supérieure à 5 %.

Grâce à ces mesures, le doublement de la part de l'Etat
ne frappera trop lourdement aucun des assujettis à la
patente ou à la contribution mobilière.

Nous avons déjà dit qu'il était essentiel, pour le bon fonc-
tionnement du système, que les intéressés n'attendissent pas
trop longtemps leurs dégrèvements. Il faut, pour cela, que
la procédure à suivre dans l'instruction des demandes soit
aussi simple et aussi rapide que possible. C'est cette considération qui nous a conduits à vous proposer l'adoption de
la procédure qui est actuellement appliquée aux demandes
en remise ou en modération.

Le contribuable qui se croira en situation de bénéficier
d'un dégrèvement adressera sa demande au préfet. Il y join-
dre les explications nécessaires, appuyées des justifications
dont il disposera. Cette demande sera envoyée au directeur
des contributions directes, qui la fera examiner par le con-
trôleur. Celui-ci entendra le contribuable, s'il est utile, et
formulera son avis qui sera suivi des conclusions du directeur. Le préfet statuera en premier ressort, sauf appel au
ministre des Finances qui prononcera définitivement.

Il semble que cette procédure, qui ne comporte aucun
délai de forclusion, aucun frais d'instance, aucune forma-
lité compliquée, aucune cause d'atermoiement, offre les
meilleures conditions de souplesse et de simplicité. Quant à
l'impartialité, une pratique de plus d'un siècle, sans qu'aucun incident grave se soit jamais produit, permet d'avoir
toutes garanties à cet égard.

Le doublement de la part de l'Etat dans la contribution
foncière des propriétés non bâties et dans la contribution
personnelle-mobilière aurait pour effet, si des mesures
n'étaient pas prises, de troubler le régime actuel du dégrèvement des petites cotes foncières. On sait, en effet, que le
bénéfice de ce dégrèvement n'est accordé qu'en ce qui touche
les cotes foncières qui ne dépassent pas 16 francs en part de
l'Etat et aux seuls contribuables dont la contribution personnelle-mobilière n'est pas supérieure à 20 francs, également en part de l'Etat. Un grand nombre de cultivateurs

qui remplissent aujourd'hui ces conditions cesseraient donc de les remplir après le doublement. Il n'entre pas, bien entendu, dans nos intentions de priver, à l'avenir, ces cultivateurs des atténuations d'impôt dont ils profitent, et les dispositions nécessaires pour maintenir leur situation seront proposées dans le premier projet de loi sur les contributions directes qui suivra le vote du présent projet.

D'après les calculs effectués en vue de l'établissement des évaluations budgétaires de l'exercice 1917, le montant, en part de l'État, des contributions foncières (propriétés bâties et non bâties), personnelle-mobilière et des patentes, ressortira, pour ladite année, aux chiffres suivants :

Contribution foncière des propriétés bâties	107.000.000
Contribution foncière des propriétés non bâties.	65.120.000
Contribution personnelle-mobilière	106.340.203
Contribution des patentes	135.629.694
Soit au total.......	414.089.897 (1)

Le doublement de la part de l'État afférente aux contributions en cause procurerait, par suite, au Trésor, un supplément de ressources d'égale somme, soit environ Fr. 415.000.000

Mais il convient de tenir compte, dans l'évaluation du rendement effectif de la contribution additionnelle, des dégrèvements à titre gracieux dont l'allocation est prévue par les articles 5 et 6 du présent projet de loi et qui diminueront d'autant le produit de la contribution. Sans qu'on ait le moyen de chiffrer exactement le montant éventuel de ces dégrèvements, on peut admettre qu'ils s'élèveraient approximativement à..................... 140.000.000

En définitive, l'application de la mesure projetée se traduirait par un accroissement de ... 275.000.000

(1) Il a été tenu compte, dans ces évaluations, du fléchissement de l'impôt dû aux circonstances actuelles. En temps normal, d'après les données résultant de la préparation, au cours de l'année 1914, du projet de budget de l'exercice 1915, le montant total des contributions envisagées s'élèverait à 460.385.121 francs.

Impôt général sur le revenu

L'impôt établi par la loi du 15 juillet 1914 sur l'ensemble du revenu ne doit pas, dans le plan qui a été soumis aux Chambres, remplacer peu à peu les contributions directes qui frappent les diverses sources de revenus. Il joue le rôle d'un impôt complémentaire destiné, comme la *supertax* en Angleterre, à se superposer, pour les revenus dépassant un certain chiffre, aux impôts cédulaires. La limite au-dessus de laquelle cet impôt est appelé à fonctionner est en France très inférieure à ce qu'elle est en Angleterre. Cela vient de ce que la répartition des fortunes en France est très différente de ce qu'elle est de l'autre côté de la Manche. Nous avons en France beaucoup de petits revenus et de revenus moyens et relativement peu de revenus très élevés. Il faut donc descendre plus bas pour donner à l'impôt complémentaire une base suffisamment large.

De ce que l'impôt sur le revenu est un impôt de superposition, il résulte que le taux de cet impôt doit être modéré. On peut admettre qu'il doit rester au-dessous du taux des impôts directs auxquels il s'ajoute. C'est ce qui se passe en Angleterre, où l'*income tax* est en ce moment de 5 shillings par livre sterling au maximum et la *supertax* de 3 shillings 6 d. pour l'ensemble des revenus les plus élevés. Si nous fixons pour 1917 à 8 % le taux de l'impôt direct sur les revenus provenant uniquement du capital (impôt foncier sur la propriété bâtie et non bâtie), il semble équitable d'élever à 5 % le taux de l'impôt général sur le revenu, qui est actuellement de 2 %. C'est ce que nous vous proposons de faire.

L'impôt général sur le revenu n'est pas encore entré dans nos mœurs. Avant de naître, il a soulevé des résistances qui sont en voie de s'effacer. A mesure qu'il sera appliqué, on appréciera davantage l'esprit dans lequel procède l'administration et le soin avec lequel elle évite tout ce qui pourrait ressembler à une inquisition vexatoire ou à un arbitraire injustifié. Le nombre des déclarations qui ont été faites du

1er mars au 30 avril a dépassé les prévisions : 163.107, dont 60.388 pour le département de la Seine et 102.719 pour les autres départements. La somme des revenus déclarés a été de 1.363.167.700 francs pour le département de la Seine et de 1.585.924.544 francs pour le surplus de la France : au total, 2.949.092.244 francs. Il convient d'ajouter que 173.186 personnes ont fait des déclarations portant que leur revenu était inférieur au minimum fixé par la loi.

Des tableaux, placés en annexe sous les numéros IV et V, font ressortir : 1o la répartition de ces déclarations par catégories de revenus, en mettant en regard les éléments des déductions pour charges de famille ; 2o la répartition de ces mêmes déclarations par département.

L'administration des contributions directes estime que le nombre total des assujettis est de 310.000 environ. Ce nombre est inférieur à celui de 450.000 tout d'abord prévu ; mais il y a lieu de remarquer que le projet primitif, au soutien duquel cette évaluation avait été produite, astreignait à l'impôt tous les contribuables ayant plus de 5.000 francs de ressources annuelles, sous réserve de faibles abattements pour charges de famille. Les modifications apportées au projet, avant son adoption, ont considérablement accru ces déductions et pratiquement relevé, jusqu'à plus de 7.000 francs en moyenne, la limite d'exemption, libérant ainsi une très large catégorie d'imposables. Il faut écarter, d'autre part, les contribuables qui résident dans les régions actuellement envahies. Le nombre de 310.000 paraît devoir être tenu pour approximativement exact.

Sur ce nombre, plus de moitié (163.107) ont dès aujourd'hui souscrit une déclaration. Parmi les autres se rangent, non seulement ceux qui ont l'intention définitive de s'abstenir, mais encore les contribuables mobilisés, se trouvant en cas de force majeure, pour lesquels le délai n'est pas expiré et qui fourniront certainement un contingent notable de nouveaux déclarants. On peut présumer, sans imprudence, que plus des deux tiers des assujettis ont fait ou feront une déclaration.

La première expérience, qui se poursuit en ce moment

dans des conditions évidemment très défavorables, est donc encourageante. Nous sommes d'avis de la laisser se poursuivre sans toucher à aucune des dispositions de la loi du 15 juillet 1914. Il convient de donner le temps aux contribuables de s'habituer à cette forme d'impôt et de reconnaître spontanément que la déclaration a pour eux, aussi bien que pour l'administration, des avantages incontestables.

On vient d'indiquer que pour les 163.000 déclarations spontanément souscrites, le montant des revenus déclarés atteint tout près de 3 milliards.

Compte tenu des divers abattements et des déductions accordées en considération de la situation de famille, le revenu taxé au taux de 2 % s'élève à 1,200 millions et le produit de la taxation à...................... 24.000.000

Mais il convient de faire état des réductions supplémentaires pour charges de famille prévues par l'article 15 de la loi du 15 juillet 1914 et dont le montant peut être évalué à environ............................... 2.000.000

Le produit effectif de l'impôt établi, d'après les déclarations, ressortirait donc à.......... 22.000.000

D'autre part, ainsi qu'il vient d'être dit, les renseignements fournis par les directeurs départementaux donnent lieu de penser qu'un peu moins de la moitié des contribuables passibles de l'impôt se sont jusqu'à présent abstenus de souscrire la déclaration prévue par la loi.

On peut donc admettre que, lorsque la totalité des impositions relatives à l'année 1916 auront été établies, le montant de l'impôt compris dans les rôles se rattachant à ladite année atteindra approximativement le double du chiffre ci-dessus indiqué, soit environ 40 millions.

En portant le taux actuel de 2 à 5 %, le montant de l'impôt passerait de 40 millions à $40 \times 5 : 2 = 100$ millions. Ce rehaussement constituerait pour le Trésor un bénéfice de 60 millions.

Taxes assimilées aux contributions directes

Les taxes assimilées aux contributions directes seront en principe doublées, sans qu'il y ait lieu, comme nous l'avons proposé pour les contributions directes proprement dites, de les modérer en raison de l'état des ressources du contribuable.

Ces taxes, en effet, ont eu bien le caractère d'impôts somptuaires, ou bien celui d'impôts sur le revenu réel, comme la redevance des mines.

Mais le doublement ne peut être uniformément appliqué sans exception à toutes les taxes assimilées, et il y a lieu de distinguer entre elles.

Seraient seules soumises au doublement : les redevances des mines, la contribution sur les chevaux, voitures, automobiles, etc., la taxe sur les billards, la taxe sur les cercles et la taxe sur les gardes-chasse.

Même pour ces taxes, d'ailleurs, le doublement du principal ne saurait être édicté sans que des mesures accessoires soient prises en vue de ne pas réagir sur les ressources communales.

Ainsi, les communes perçoivent actuellement un sixième du principal de la redevance proportionnelle des mines et un vingtième du principal de la contribution sur les voitures, chevaux, etc. Le doublement de ces principaux doublerait donc également sans nécessité la part des communes, et pour maintenir la situation actuelle, il faut réduire de moitié les quotités allouées aux localités.

De même, les communes ont la faculté, pour remplacer les droits d'octroi, de superposer des taxes municipales aux taxes d'Etat sur les voitures, chevaux, etc., sur les billards et sur les cercles, sans pouvoir dépasser 50 % du principal en ce qui concerne la première taxe et 100 % du principal à l'égard des autres. Pour éviter que la faculté d'imposition ainsi attribuée aux communes ne soit doublée également sans motif valable, il faut donc aussi réduire de moitié les maxima actuels.

D'après les données ayant servi à l'établissement du

projet de budget de l'exercice 1917, le produit des taxes ci-dessus désignées s'élève, par application des tarifs actuels, aux chiffres suivants, savoir :

Redevances des mines.................. Fr. 3.803.481
Contributions sur les voitures, chevaux, mules
  et mulets............................... 20.000.000
Taxe sur les billards..................... 1.040.000
Taxe sur les cercles...................... 800.000
Taxe sur les gardes-chasse................ 400.000

Total............ 26.043.481

soit, en chiffre rond, 27.000.000 de francs.

Déduction faite des prélèvements opérés au profit des communes sur les redevances des mines et la contribution sur les voitures, chevaux, mules et mulets, soit 1.500.000 francs, la part de l'Etat dans les taxes en cause ressort à 25 millions et demi.

Le doublement des tarifs aurait pour effet de porter le montant total des différentes taxes énumérées ci-dessus à.............................. Fr. 54.000.000
Après déductions des sommes versées aux
  communes, soit...................... 1.500.000
la part du produit des taxes revenant à
l'Etat s'élèverait à...................... 52.500.000

Le Trésor retirerait donc du doublement des tarifs une plus value de 27.000.000 francs.

Enfin, aux taxes assimilées aujourd'hui perçues pour le compte de l'Etat, nous proposons d'ajouter une taxe sur les chiens s'élevant à 5 francs par chien de garde et 10 francs par chien d'agrément. Cette taxe s'ajouterait à celle que les communes établissent déjà et serait assise dans les mêmes conditions. On avait jusqu'ici abandonné complètement cette manière imposable aux budgets locaux, mais il semble que, dans les circonstances actuelles, l'Etat peut légitimement en tirer, lui aussi, des ressources.

Il résulte de renseignements extraits des rôles de 1913 que le nombre des chiens s'élève approximativement, en France, à 3.600.000, dont 900.000 de première catégorie et 2.700.000 de deuxième catégorie.

Le produit de la taxe projetée s'établit, en conséquence, ainsi qu'il suit :

900.000 chiens taxés à raison de 10 francs. Fr.   9.000.000
2.700.000 chiens taxés à raison de 5 francs....   13.500.000

Soit au total........   22.500.000

En résumé, l'adoption des différentes mesures fiscales projetées se traduirait, pour le Trésor, par les augmentations de ressources indiquées ci dessous :

Contribution additionnelle (contributions directes)............................   275.000.000
Impôt général sur le revenu.............   60.000.000
Taxes assimilées.....................   27.000.000
Taxes d'État sur les chiens...............   22.500.000

Soit au total........   384.500.000

Impôt sur le revenu des valeurs mobilières

Il est juste que l'impôt sur le revenu des valeurs mobilières soit augmenté comme les impôts directs dont il se rapproche par sa nature, sinon par son mode de perception. Nous proposons de l'élever de 4 à 5 %. Si nous ne vous demandons pas de le doubler, c'est parce qu'il est, dans une large mesure, un impôt de superposition, puisqu'il se cumule avec les impôts directs payés par les Sociétés et aussi parce qu'augmenté des droits de timbre et de transmission il pèse déjà lourdement sur les porteurs de valeurs mobilières.

D'autre part, la réforme a pour conséquence nécessaire le rehaussement de 8 à 10 % du tarif de l'impôt sur le revenu applicable aux lots et l'élévation à 6 % du taux de l'impôt de 5 % établi par la loi du 29 mars 1914 sur le revenu des fonds d'État étrangers et des valeurs mobilières non abonnées.

La recette supplémentaire à escompter de l'ensemble de

la réforme pour une année entière et normale n'est pas inférieure à 44 millions. Elle se décompose ainsi qu'il suit :

1º Majoration d'un quart des tarifs de 4 et
8.º/₀ (article 10 du projet)..................... 34.880.445

2º Extension de l'impôt de 5 % aux tantiè-
mes des administrateurs de Sociétés étrangères
(article 11)............................... 500.000

Total.............. 35.380.445

3º Élévation à 6 % de l'impôt sur le revenu des fonds d'État étrangers et des valeurs mobilières étrangères non abonnées
(44.000.000 : 5)........................... 8.800.000

Ensemble.............. 44.180.445

Si l'on évalue la plus-value à attendre de la réforme en
prenant pour base le rendement des taxes au cours de la
guerre, on aboutit à une ressource supplémentaire d'environ
38 millions pour une année.

Contributions indirectes

Après avoir demandé aux impôts directs un supplément de
recettes important, nous devons, à l'exemple des autres
États, recourir à une augmentation des taxes indirectes portant sur des objets de grande consommation, mais qui ne
sont pas nécessaires à l'existence.

Dans cet ordre d'idées, nous vous proposons de remanier,
de manière à en accroître le rendement, les impôts actuels
sur les spiritueux, les vins, bières et cidres, le sucre et les
tabacs. La création de nouvelles taxes sera réservée pour un
projet de loi séparé que nous vous soumettrons dès que
l'étude en sera déterminée.

ALCOOLS

Le Gouvernement a déposé, le 26 août dernier, un projet
de loi tendant à régler définitivement le régime de l'alcool

La complexité des problèmes que résout ce projet n'a pas encore permis à la Chambre d'en aborder la discussion.

La restriction de l'alcoolisme s'impose cependant de façon urgente ; il n'est pas permis en temps de guerre de laisser subsister un fléau qui paralyse le travail national et réduit les forces du pays.

D'autre part, les mesures déjà prises pendant la guerre dispensent d'examiner pour l'instant quelques-unes des questions qui paraissent devoir soulever le plus de débats ; c'est ainsi que l'étude du monopole de l'alcool d'industrie se trouve dépourvue d'intérêt pratique, à raison de la réquisition générale des distilleries de grains, mélasses et betteraves, et de la prohibition de l'importation.

Nous vous proposons donc d'édicter purement et simplement pour la durée de la guerre le relèvement des droits à 400 francs et la suppression intégrale du privilège des bouilleurs de cru, ceux-ci devant trouver dans l'absence de toute concurrence de l'alcool d'industrie sur le marché de l'alcool un bénéfice qui compensera largement la perte de la franchise sur la consommation familiale.

La plus-value à attendre de la mesure est difficile à chiffrer ; en 1913, le produit de l'impôt était de 400 millions ; la raréfaction de l'alcool, la hausse des prix, la diminution du nombre des consommateurs ont fait aujourd'hui tomber de moitié le rendement ; nous pensons que la suppression du privilège et le relèvement des droits permettront actuellement de récupérer la plus grande partie de la perte et d'obtenir près de 350 millions. Cette majoration des charges fiscales, s'ajoutant aux mesures de restriction déjà prises, limitera l'essor qu'auraient retrouvé les consommations après la guerre. Elle paraît toutefois susceptible de ramener le produit de l'impôt à ce qu'il était avant la suppression de l'absinthe et la limitation des débits.

VINS, CIDRES, BIÈRES

Les boissons hygiéniques ont été dégrevées, dans une proportion très large, par des lois relativement récentes (19 juillet 1880 et 29 décembre 1900). Les tarifs que nous proposons sont encore sensiblement inférieurs au taux moyen des taxes qui les atteignaient, sous différentes formes, depuis le lendemain de la guerre de 1870 et avant les lois de dégrèvement. Le tableau ci-après, établi d'après les résultats de l'exercice 1879, le montre avec évidence :

	QUANTITÉS IMPOSÉES	PRODUITS	TAUX MOYEN
	hectolitres	francs	fr. c.
Vins...............	28.815.646	185.963.218	6 45
Cidres.............	4.667.174	15.528.256	3 33
Bières.............	7.375.114	20.992.739	2 85

Nous nous sommes attachés, d'ailleurs, à maintenir la relation qui existe actuellement entre les tarifs applicables à chacune des boissons dont il s'agit, afin de ne pas favoriser les déplacements de consommation dans les pays où elles se font concurrence.

A maintes reprises déjà, un prélèvement a, du reste, été envisagé, et dans le projet de budget même de 1914, en pleine paix, un de nos prédécesseurs demandait le doublement des droits existants. Il faisait ressortir que la surtaxe passerait inaperçue au milieu des fluctuations de prix qui atteignent couramment, pour les vins, de 20 francs à 25 francs l'hectolitre ; il montrait que les mesures diverses prises par l'État avaient procuré aux viticulteurs une prospérité inconnue auparavant ; enfin il citait en exemple les grands pays voisins, l'Angleterre et l'Allemagne, qui tous deux imposaient bien plus que la France leurs boissons hygiéniques, et notamment la bière.

Toutes ces raisons se présentent aujourd'hui à l'esprit avec une force nouvelle ; et en ce qui concerne la dernière, il suffira de rappeler qu'en Angleterre, la bière supporte aujourd'hui près de 20 francs par hectolitre ; le produit de l'impôt était en 1913-1914 de 336 millions ; le chancelier de l'Échiquier a escompté, pour l'année 1915-1916, un produit supplémentaire de 430 millions, soit au total 766 millions.

Après le relèvement proposé, l'ensemble des boissons hygiéniques ne donnera encore chez nous qu'une somme très inférieure à celle que l'Angleterre obtenait de la bière seule avant la guerre.

En prenant pour base la consommation taxée de l'année 1913, on peut évaluer en effet, comme suit, le produit normal des relèvements proposés :

	Quantités imposées	Taux du relèvement	Produit normal du relèvement	Produit normal aux taux actuels
	hectolitres	fr. c.	francs	francs
Vins......	39.877.752	3 50	139.572.132	59.816.628
Cidres ...	7.659.318	2 20	16.850.499	6.127.455
Bières ...	64.218.786	0 55	35.320.332	16.054.696
Totaux............			191.742.963	81.998.779

Le relèvement du droit sur les raisins secs destinés à la fabrication du vin pour consommation familiale est le corollaire du relèvement du droit sur les vins eux-mêmes : il repose, comme le tarif actuel, sur cette donnée qu'il faut 100 kilogrammes de raisins secs pour obtenir 3 hectolitres d'une boisson ayant à peu près la composition normale du vin.

SUCRES

L'impôt sur les sucres est de 25 francs par 100 kilogrammes. Nous proposons de le porter à 40 francs, et ce faisant, nous sommes loin d'atteindre le moins lourd des divers tarifs pratiqués — sauf une courte période (1880-1884) — entre la guerre de 1870 et le dégrèvement réalisé en 1903 : 61 fr. 10 (loi du 8 juillet 1871) ; 70 fr. 50 (loi du 22 janvier 1872) ; 73 fr. 32 (loi du 30 décembre 1873) ; 50 francs (loi du 29 juillet 1884) ; 60 francs (loi du 27 mai 1887).

Le tarif proposé contient une légère innovation. Jusqu'à présent, les droits sur les sucres bruts sont toujours calculés d'après les règles établies par la loi du 19 juillet 1880, c'est-à-dire d'après le degré polarimétrique (teneur en sucre pur), avec des réfactions et déductions destinées à tenir compte des pertes que les sucres subiront au cours du raffinage. On comprend qu'il en fût toujours ainsi à une époque où la presque totalité des sucres passait par la raffinerie. Mais aujourd'hui les fabriques produisent des sucres cristallisés blancs polarisant au moins 99,75 c'est-à-dire dont la pureté est presque absolue et égale à celle des plus beaux raffinés. Lorsque ces sucres vont directement à la consommation, il est anormal d'opérer sur leur teneur en sucre des réfactions et déductions en prévision de déchets qu'ils ne subiront pas. Nous proposons de les imposer comme les raffinés, d'après leur poids effectif ; ils continueront, du reste, de jouir, vis-à-vis de ces derniers, d'un privilège, puisqu'ils ne supporteront pas le droit de raffinage (2 francs par 100 kilogrammes), ni la taxe de surveillance (0 fr. 08 par 100 kilogrammes).

D'après les quantités imposées en 1913, le produit normal du relèvement proposé serait de 108.000.000 francs environ (douanes et contributions indirectes).

Compte tenu de la réduction de la consommation, nous pensons que le produit total atteindra 260 millions, en plus-value de 75 millions environ.

TABACS

Dans une période où le pouvoir d'acquisition de l'argent a considérablement diminué, où le prix de tous les objets a subi une hausse, le maintien des tarifs de vente des tabacs à leur niveau antérieur constituerait une véritable anomalie, et nous pensons qu'un relèvement moyen de 20 % de ces tarifs ne paraîtra excessif à personne.

Le projet de loi ne vise expressément que les tabacs ordinaires (scaferlatis, poudres et carottes), parce que, seuls, les tarifs de ces tabacs dépendent du Pouvoir législatif et que ceux de toutes les espèces de cigares, de cigarettes, de produits supérieurs, sont réglés par décret. Mais il est entendu que le relèvement doit être général ; comme une expérience récente l'a montré, les relèvements restreints à certaines espèces n'aboutissent qu'à un déplacement de consommation.

Le chiffre de 20 % ci-dessus indiqué ne peut toutefois être qu'une moyenne ; il faut, en effet, tenir compte de deux considérations. En premier lieu, il importe de maintenir une corrélation entre les unités monétaires et les unités de poids ou de vente. En second lieu, les prix actuels, établis à des dates déjà anciennes, ne tiennent pas compte des modifications qu'ont subies depuis lors les prix des matières premières et le coût de la main-d'œuvre. C'est ainsi qu'aujourd'hui les cigares laissent au monopole un bénéfice proportionnellement très inférieur à celui que laissent les cigarettes et autres produits.

Voici, au surplus, un résumé des dispositions proposées ou projetées :

La majoration de 20 % porterait de 12 fr. 50 à 15 francs le prix du scaferlati ordinaire, dont la vente représente à elle seule près de la moitié des produits du monopole.

C'est le prix que nous adoptons pour le paquet de 40 grammes, lequel se vendra donc 0 fr. 60 au lieu de 0 fr. 50. Mais cette fixation ne permet pas d'acheter pour 0 fr. 10 ou 0 fr. 05 de tabac, puisque ces prix correspondront à 6 gr. 666 et 3 gr. 333 de tabac. Nous proposons pour la vente au détail, c'est-à-dire pour le tabac livré aux débitants par paquets de 500 grammes, le tarif de 14 fr. 30 correspondant à 7 grammes et 3 gr. 50 de tabac pour 0 fr. 10 et 0 fr. 05. Cette différence, basée sur le mode de paquetage du même produit, se justifie, d'ailleurs, par la dépense que le paquetage de 40 grammes impose aux manufactures et par la bonification de poids généralement accordée à ces petits paquets. Le prix de 14 fr. 30 sera également applicable à la poudre ordinaire à priser et au tabac à mâcher.

Nous augmenterons dans des proportions variant de 10 à 35 % le prix des scaferlatis supérieurs (caporal, vizir, levant, maryland), en tenant compte des prix de revient et et des majorations antérieures qui n'ont pas atteint également toutes les variétés : c'est ainsi que le prix du caporal supérieur passera de 16 à 20 fr. et celui du maryland de 25 fr. à 27 fr. 50.

Nous ne modifierons pas le tarif de la poudre à priser supérieure, parce qu'il est déjà relativement très élevé eu égard au prix de revient, et qu'une majoration antérieure a fait fortement fléchir la consommation. Les mêmes raisons nous interdisent de toucher aux rôles menu-filés.

Pour les cigares, nous serons amenés à porter le prix des cigares de 0 fr. 05 à 0 fr. 075 (2 pour 0 fr. 15), celui des cigares de 0 fr. 075 à 0 fr. 10, et celui des cigares de 0 fr. 10 à 0 fr. 125 (2 pour 0 fr. 25), celui des cigares de 0 fr. 15 à 0 fr. 20 ; les prix des cigares supérieurs à 0 fr. 15 seront augmentés de 0 fr. 05 ou 0 fr. 10, suivant leur prix de revient. Afin de conserver un produit qui continuerait à se vendre 0 fr. 05, nous n'augmenterons pas le prix de vente des ninas, sur lesquels le bénéfice est actuellement beaucoup plus élevé que sur les cigares du même prix.

Pour les cigarettes de vente courante, plus encore que pour les autres espèces, une majoration uniforme de 20 % n'est pas réalisable, les prix à établir devant permettre la vente sous les modes de paquetage par 10 ou par 20, auxquels le consommateur est habitué. D'autre part, il y a intérêt à ce que le public ne soit pas détourné de ce produit, dont la vente procure au Trésor des bénéfices élevés. En thèse générale, c'est le relèvement du prix du scaferlati entrant dans la confection des cigarettes qui doit être le principal élément à considérer pour la fixation du prix des cigarettes elles-mêmes.

Nous avons laissé de côté la question des tabacs vendus à prix réduits dans les zones voisines des frontières du Nord et du Nord-Est, et dont le prix doit être fixé par la loi. Nous estimons qu'il y a lieu de l'ajourner pour une étude ultérieure. Les zones ont été instituées pour défendre le monopole contre la fraude, en limitant le bénéfice que le consommateur pourrait réaliser en s'approvisionnant de tabacs importés en fraude. Les tarifs doivent donc être établis en tenant compte des prix pratiqués dans les pays voisins, et par suite les mesures que nous aurons à prendre dépendront en grande partie des relèvements qui seront vraisemblable ment réalisés à l'étranger. L'ajournement de la question présente d'autant moins d'inconvénient qu'une partie importante de la région zonière est actuellement occupée par l'ennemi et que, pour le surplus, nos manufactures, absorbées par la fabrication du tabac de troupe, ne sont pas en mesure de satisfaire complètement aux commandes de tabac de zone dont la vente se trouve, par suite, sensiblement réduite.

Appliqué aux quantités vendues en 1913, le relèvement du prix de vente des tabacs ordinaires donnerait une plus-value d'environ 55.000.000 de francs. Calculés sur les mêmes bases, les relèvements à opérer par voie de décrets produiraient environ 45.000.000 de francs, soit en tout 100 millions de francs. Compte tenu de la restriction de consommation qu'entraîne toujours une élévation de tarif, nous espérons réaliser une plus-value de 80 millions. ·

Le tableau ci-dessous présente une évaluation des effets attendus, tant pour une année de guerre que pour une année normale, des mesures envisagées en ce qui concerne les contributions indirectes.

	TARIFS ACTUELS		TARIFS PROPOSÉS	
	année normale	année de guerre	année normale	année de guerre
	millions	millions	millions	millions
Alcools...............	320	200	400	350
Vins, cidres et bières.	82	70	273	235
Tabacs...............	542	542	622	622
Sucres...............	185	170	293	260
Totaux........	1.129	982	1.588	1.467

En résumé, l'ensemble des mesures fiscales que nous venons d'analyser paraît devoir rapporter au Trésor, pour une année entière environ 907 millions, si l'on prend pour base la situation actuelle de la matière imposable, approximativement 1.092 millions, si l'on suppose les facultés contributives du pays revenues au même état qu'avant la guerre :

	ANNÉE DE GUERRE	ANNÉE NORMALE
	Millions de francs	
Contributions directes	384	589
Taxe sur le revenu des valeurs mobilières	38	44
Contributions indirectes........	485	459
	907	1.092

Sur ce total de ressources nouvelles, la part des contributions directes et de l'impôt sur le revenu des valeurs mobilières serait donc de 46,52 % en temps de guerre, soit sensiblement la moitié. Cette part s'élèverait à plus de 50 % dans une année normale, par suite de la disparition des dégrèvements consentis en temps de crise aux contribuables dont les revenus sont fortement atteints par les événements.

Imprimerie Nancéienne